Wilfried Kessler

Das Mädchen ohne Hände

AF176132

Wilfried Kessler

Das Mädchen ohne Hände

Eine Betrachtung zur Zeitsituation

Bibliografische Information der Deutschen Nationalbibliothek: Die Deutsche Nationalbibliothek verzeichnet diese Publikation in der Deutschen Nationalbibliografie; detaillierte bibliografische Daten sind im Internet über <u>dnb.dnb.de</u> abrufbar.

© 2021 Wilfried Kessler
Umschlaggestaltung: Heinrich Römlein
Motiv: Auguste Rodin „La cathédrale"

Herstellung und Verlag: BoD – Books on Demand, Norderstedt
ISBN: 9783753406176

INHALT

Vorwort

Das aktuelle, erdumspannende Zeitgeschehen führte zu immer größeren Einschränkungen des gesamten Alltags mit tiefgreifenden Folgen v.a. für das soziale, kulturelle und wirtschaftliche Leben, für die Existenz des Menschen im umfassenden Sinne. Dem Menschen wird zusehends die Handlungsfähigkeit eingeengt, ihm werden „die Hände gebunden" – in der Bildsprache der Märchen: „Das Mädchen ohne Hände".

„La cathédrale" von Auguste Rodin weist auf ein zukünftiges Geschehen hin. Eine gotische Kathedrale zeigt im Querschnitt und im Spitzbogen die Gebärde der zum Gebet gefalteten Hände. Sie war ohne die betende Gemeinde und die Gefühle der im Leibe sich Sieger über den Tod wissenden Seele nicht vollständig. Die Skulptur von Rodin zeigt die Hände von zwei verschiedenen Menschen: In einem behutsamen, künstlerischen Gestaltungsprozess ersteht ein aufstrebender Innenraum, das Bild einer zukünftigen Gemeinschaft: ein Raum der Geborgenheit, ohne sich zu verschließen, ein schöpferischer Spannungs- und zugleich Schutzraum, geschaffen durch die Hand, das schöpferische Organ des Herzraumes.

Mit dieser Schrift sei der Versuch unternommen mit Hilfe der imaginativen Menschenkunde der Märchen und den Erkenntnissen der modernen Geisteswissenschaft einen vertiefenden Blick auf das moderne Zeitalter und das aktuelle, die Menschheit zutiefst erschütternde und prüfend herausfordernde Zeitgeschehen zu werfen. Das Volksmärchen, der frühere Religionsunterricht der Völker, die „maere", die weisheitsvolle Kunde vom Menschen, bereitete die Geisteswissenschaft vor, durch die die Erkenntnis des Menschen von der physischen auf die seelische und geistige Ebene erweitert wird. Nur durch ein vertieftes Verstehen, ein geistiges Durchdringen des Zeitgeschehens wird der Zugang zu den kulturaufbauenden Kräften wieder möglich sein.

Für das Zustandekommen dieser Schrift sei insbesondere Frau Regina Winkler-Reber für das Korrekturlesen, Herrn Heinrich Römlein für die Gestaltung des Titelbildes, Frau Nadja Ehrck und Herrn Julius Klein für das Layout, Herrn Ingbert-Heigl für die beratende Unterstützung und Frau Sabine Krejtschi, welche mich auf das Märchen „Das Mädchen ohne Hände" aufmerksam gemacht hat, herzlich gedankt.

Ulm, den 19.05.2021   Wilfried Kessler

„In Zeiten,

in denen Niedergangskräfte dominieren,

kommt es auf den ganzen Menschen an,

auf den Entschluss,

nicht mit dem Strom und

nicht gegen den Strom zu schwimmen,

sondern Neuland zu schaffen,

in sich selbst

und in seinem Wirkenskreis."

Annie Heuser

(nach Rudolf Steiner) (52)

Die Patengeschenke des modernen Menschen

In der Zeitenwende brachten die Hirten und Könige ihre Gaben dem Kind in der Krippe. Und heute? Welche Patengeschenke gehören zu der Geburt des Christus im Menschen? Zu dem Christus-Ereignis des 21. Jahrhunderts? –

Seit der Mitte des 15. Jahrhunderts leben wir in einem Zeitalter, in dem die Menschheit immer mehr und mehr in den Besitz der vollen Bewusstseinskraft kommen soll. In diesem Zeitalter der Bewusstseinsseele wurde die Kraft des Intellektes in immer größerem Maße frei. Dieser Intellektualismus beruht auf vom physischen Leib abhängigen, gehirngebundenen Gedanken, die immer abstrakter werdend – zu einem intellektuellen Sündenfall führten. Dies hat der Künstler Auguste Rodin sehr eindrucksvoll in der Figur des „Denkers" in seinem „Höllentor", das er als ein Menschheitstor zwischen Adam und Eva setzte, dargestellt: nackt, d.h. abgenabelt von der geistigen Welt, und einsam, führt er ein Denken aus, das in seinen Folgen alle Figuren des Tores, d.h. alle Seiten des Menschseins, hervorbringt und die göttlichen Wesen im Tympanon zu „Schatten" werden lässt und sie in die Schwere zwingt:

„Die Gestalt des Denkers [...] des Mannes, der die ganze Größe und alle Schrecken dieses Schauspiels sieht, weil er es denkt, er sitzt versunken und stumm, schwer von Bildern und Gedanken und alle seine Kraft [...] denkt. Sein ganzer Leib ist Schädel geworden und alles Blut in seinen Adern Gehirn. – [...] So sind die Gebärden der Menschheit, die ihren Sinn nicht finden kann, ungeduldiger geworden, nervöser, rascher und hastiger, und alle die durchwühlten Fragen des Daseins liegen um sie her." (1)

Die Menschheit hat sich zusehends von der geistigen Welt abgenabelt und ist vollends „arm" geworden:

„Hier war ein Verlangen, das unermesslich war, ein Durst so groß, dass alle Wasser der Welt in ihm wie ein Tropfen vertrockneten [...] Und in allen Lastern, in allen Lüsten wider die Natur, in allen diesen verzweifelten und verlorenen Versuchen, dem Dasein einen unendlichen Sinn zu finden, ist etwas von jener Sehnsucht, die die großen Dichter macht. Hier hungert die Menschheit über sich hinaus. Hier strecken sich die Hände aus nach der Ewigkeit, öffnen sich die Augen, schauen den Tod und fürchten ihn nicht." (2)

Wie kann der Intellektualismus spiritualisiert werden? Wie kann der Mensch wieder geistige Substanz in seine Gedanken, in sein Denken hinein bekommen? In dem Märchen „Spindel, Weberschiffchen und Nadel"(3) zieht der Königssohn aus, seine Braut zu suchen. Diese soll Folgendes erfüllen: „Die soll meine Frau werden, die zugleich die Ärmste und die Reichste ist". Das sind die beiden Grundgesten der modernen Bewusstseinsseele: mit Hilfe des Intellektes wurde die Freiheit des Menschen möglich. Zugleich wurde er „arm" im Verhältnis zur geistigen Welt. Aber aus freiem Entschluss vermag der Mensch sich der geistigen Welt und ihrer Hilfe neu zuzuwenden und ihren „Reichtum" in der eigenen Seele erfahren. Dann ist die Bewusstseinsseele die „ärmste und reichste zugleich". Der Weg dahin führt über die Frage. Die Dinge müssen uns wieder zum Rätsel, zum Geheimnis werden. Die Frage eröffnet die wachsende Beziehung zum Wesen der Dinge. Und das Fragen der Seele nach dem Höchsten ist „Das Geheimnis vom Heiligen Gral". Parzival ist der erste Vertreter der Bewusstseinsseele. Von seinem Lehrer Gurnemanz erhält er den Rat: „Ihr sollt mit kluger Überlegung arm und reich zugleich sein."(4)

Und wo stehen wir heute?

Die Tragekraft des Vergangenen schwindet, die Zukunft ist unsicher und die Gegenwart bei vielen Menschen mit Angst erfüllt. Spaltungs- und Zersplitterungskräfte haben im Sozialen gewaltig Einzug gehalten und zeigen sich in Engstirnigkeit, Nichtakzeptanz des anders Denkenden, in Diffamierung, Zensur und Denunziation. Die Begegnung und die Äußerungen des Herzensmenschen (Umarmen, Hände schütteln, u.a.) werden eingeschränkt und sogar verboten. Stattdessen soll Abstand gewahrt werden. Zahlen und Statistiken, Lügen und Täuschung beherrschen die Welt.

Wessen Handschrift ist das?

Und was ist vonnöten, damit der Mensch, die Begeisterung, die Freude, das Vertrauen und die Liebe wieder aufbauend einziehen können? Der Mensch steht mit seinen Idealen und seiner moralischen Kraft der äußeren Welt und ihrer Gesetze und Verordnungen gegenüber, die sich nicht um seinen moralischen Sinn und idealistische Kraft kümmert. Diese äußeren Bestimmungen verurteilen den inneren Menschen, der die Welt nach seinen Idealen gestalten möchte, zur Ohnmacht. Die Seele erlebt sich als „Mädchen ohne Hände". (5)

Wer bewirkt dies?

Der Mensch der Moderne ist „arm" geworden. Die Angst vor dem Tod, ja vor der geistigen Welt, vor der Wahrheit, erfüllt in der Tiefe seine Seele. Die Märchen „Der Gevatter Tod" (6), „Die Königstochter in der Flammenburg"(7), „Spindel, Weberschiffchen und Nadel" und „Das Mädchen ohne Hände" beginnen alle mit dem Motiv der „Armut", stehen also unmittelbar in Bezug zur heutigen Zeit. Wie entwickelt sich das Leben des Menschen, wenn der Tod Pate steht? Oder Gottvater? Oder wenn der Versucher, der Teufel, Einfluss auf den Menschen gewinnt? In dem Märchen „Der Gevatter Tod" geht der arme Mann, dem das 13. Kind geboren ward, hinaus auf die Landstraße und will den ersten, der ihm begegnet, zum Gevatter (Paten) bitten. Es begegnen ihm nacheinander drei Gestalten: Gottvater, der Teufel und der Tod. Er entscheidet sich gegen Gottvater: „Du gibst den Reichen und lässt den Armen hungern", gegen den Teufel: „Du betrügst und verführst die Menschen" und letztlich für den Tod: „Du bist der Rechte, du holst den Reichen wie den Armen ohne Unterschied, du sollst mein Gevattersmann sein." Der Tod antwortet ihm: „Wer mich zum Freunde hat, dem kann's nicht fehlen." So heißt es auch in einem geisteswissenschaftlichen Vortrag: „Jetzt, wo das Bewusstseinsseelenzeitalter [...] dazu ausersehen ist, den Tod wie einen Begleiter allmählich mehr und mehr neben sich zu haben, werden wir moralische Kraft brauchen, um diese immerwährende Gegenwart des Todes zu ertragen."(8) Dies stellt für die Bewusstseinsentwicklung eine große Herausforderung dar und bewirkt „In sich die Kräfte ewigen Seelenwachsens erweckt zu haben, das bedeutet: den Tod neben sich als guten Freund immerfort als Begleiter haben zu können."(9) Der Tod übergibt „als der Knabe zu Jahren gekommen war" sein Patengeschenk: „Ich mache dich zu einem berühmten Arzt. Wenn du zu einem Kranken gerufen wirst, so will ich dir jedes Mal erscheinen: steh ich zu Häupten des Kranken, so kannst du keck sprechen, du wolltest ihn wieder gesund machen und gibst du ihm dann von jenem Kraut ein, so wird er genesen. Steh ich aber zu Füßen des Kranken, so ist er mein, und du musst sagen, alle Hilfe sei umsonst und kein Arzt in der Welt könne ihn retten. Aber hüte dich, dass du das Kraut nicht gegen meinen Willen gebrauchst, es könnte dir schlimm ergehen." In der entsprechenden schweizerischen Märchen-Fassung vom „Gerechten Götti" ist es das heilkräftige Lebenswasser. – Wer sich also „den Tod zum Freund macht", erhält den Schlüssel zum Leben: die vom Tode erhaltenen Bewusstseinskräfte zeigen sich in der Hinwendung zum anderen als tiefe Empathie-Kraft. Dieses feine Wahrnehmen, Hineinhören erfordert ein hohes inneres Sich-Mitbewegen, ein „Hineinsterben" in den Anderen, um das Leben, das Anderssein in tiefer Weise zu erfahren, zu erfassen. In dieser bejahenden Zuwendung können sich die aufbauenden, heilenden Kräfte in der Begegnung mitteilen. Die Gedankenvorurteilslosigkeit ist hierzu eine absolute Voraussetzung, das selbstlose Interesse gilt es stets neu für alles, was einem entgegentritt, zu entwickeln, was Menschen denken, auch wenn es als Irrtum erscheint. Die Wiedergeburt aus den Gedanken der anderen Menschen führt zum Christus-Impuls: „Was einer der geringsten eurer Brüder denkt, das habt ihr so anzusehen, dass ich in ihm denke, und dass ich mit euch fühle, indem ihr des anderen Gedanken an euren Gedanken abmesset, soziales Interesse habt für dasjenige, was in der anderen Seele vorgeht. Was ihr findet als Meinung, als Lebensanschauung in einem der ge-

ringsten Brüder, darin suchet ihr mich selber." (10)
Wer sich den Tod zum Freund nimmt und sein
Patengeschenk pflegt, der beschreitet den Ge-
dankenweg zu Christus.

In dem Märchen „Die Königstochter in der Flammenburg" wählt der arme Mann Gottvater zum
Paten und damit die Liebe und das Urvertrauen
zum Sein. Sein Taufgeschenk ist ein kleiner Stier,
mit einem goldenen Stern auf der Stirn. Er ist in
dem gleichen Augenblick wie der Knabe geboren
und „als der Junge größer war, da war das Rind
zu einem mächtigen Stier geworden, mit dem
ging er jeden Tag auf die Weide. Der Stier aber
konnte sprechen, und wenn sie auf dem Berg angekommen waren, sagte er zu dem Jungen:
>>Bleibe du hier und schlaf, indes will ich mir
schon meine Weide suchen! << Sowie der Hirte
schlief, rannte der Stier wie der Blitz fort und
kam auf die große Himmelswiese und fraß goldene Sternblumen." Mit Hilfe des Stieres wird er im
21. Lebensjahr die Königstochter erlösen und
heiraten. Mit der Kraft des Stieres versetzt er auf
dem Wege dazu Berge, besteht die Wasser- und
die Feuer-Probe und überwindet den zwölfhäup-
tigen Drachen. Gewaltige idealistische Willens-
kräfte, Ideale, „goldene Sternblumen", sind hier

am Werk. Das Ideal ist wie ein Himmelsbild, das wir nie erreichen, aber starke Lebenskräfte in uns weckt. Die Begeisterung wird alles machen. Sie trägt den Geist in sich. Der natürliche, elementare Idealismus lebt im Jugendalter auf:

„Jugend ist nicht ein Lebensabschnitt,
sie ist ein Geisteszustand.
Sie ist Schwung des Willens,
Regsamkeit der Phantasie,
Stärke der Gefühle,
Sieg des Mutes über die Feigheit,
Triumph der Abenteuerlust über die Trägheit.
Niemand wird alt,
weil er eine Anzahl Jahre hinter sich gebracht hat.
Man wird nur alt, wenn man seinen Idealen Lebewohl sagt.
Mit den Jahren runzelt die Haut,
mit dem Verzicht auf Begeisterung aber runzelt die Seele.
Sorgen, Zweifel, Mangel an Selbstvertrauen,
Angst und Hoffnungslosigkeit,
das sind die langen, langen Jahre,
die das Haupt zur Erde ziehen
und den Geist in den Staub beugen.
Ob siebzig oder siebzehn,

im Herzen eines jeden Menschen wohnt
die Sehnsucht nach dem Wunderbaren.
Du bist so jung wie deine Zuversicht,
so alt wie deine Zweifel,
so jung wie deine Hoffnung,
so alt wie deine Verzagtheit.
So lange die Botschaft der Schönheit,
Freude, Kühnheit, Größe,
von der Erde, den Menschen und dem Unendlichen
dein Herz erreichen,
solange bist du jung."

(Albert Schweizer)

Aber das jugendliche Feuer brennt nicht ewig.
Der Idealismus, die Jugendkräfte, müssen für's
weitere Leben neu erworben werden: es bedarf
des selbst anerzogenen Idealismus:

„Im Jugendidealismus erschaut der Mensch die
Wahrheit.
In ihm besitzt er einen Reichtum, den er gegen
nichts eintauschen soll.
Es gilt das weiche Eisen des Jugendidealismus
zum Stahl des unverlierbaren Lebensidealismus
zu härten.
Wenn die Menschen das würden, was sie mit 14

Jahren sind,
wie ganz anders wäre die Welt."

(Albert Schweizer)

Der neuerworbene Idealismus ist der Idealismus der Wiedergeburt, „das Feuer, das aus dem Ergreifen des Geisteslebens kommt und immer von neuem und neuem entfacht werden kann"(10), der Willensweg zu Christus, der überirdisch im Irdischen ist und in uns wirken kann, auf dem Wege durch den in innerer, moralischer Wiedergeburt anerzogenen Idealismus. Die Empathie und der Idealismus führen zu einer vertieften Erfahrung der Welt und des Menschen, zu einer erhöhten Verantwortung ihnen gegenüber:

„Aus dem innerlich toleranten und sich für andere Gedanken interessierenden eigenen Gedanken heraus und aus dem wiedergeborenen Willen, im anerzogenen Idealismus wiedergeborenen WIllen, da entwickelt sich etwas, das nicht anders bezeichnet werden kann als ein für alle Dinge, die man tut und denkt, erhöhtes Verantwortungsgefühl. Der Mensch der Neigung hat hinzusehen auf die Entwicklung seiner Seele, wird, wenn er die beiden Wege geht, in sich fühlen – anders als im gewöhnlichen Leben, das nicht diese Wege geht – das erhöhte, verfeinert sich äußernde innere Verantwortlichkeitsgefühl gegenüber den Dingen, die man denkt, die man tut […].

Das ist etwas, das wie ein Mahner an einen herantritt, wenn man den zweifachen Christus-Weg sucht, wie ein Wesen, das hinter einem steht, einem über die Schulter blickt, einem immer sagt: >>Du bist nicht nur vor der Welt, du bist vor dem Göttlich-Geistigen verantwortlich für das, was du denkst und tust<<." (10)

Und dies hängt innig zusammen mit den eigentlichen, tiefsten sozialen Impulsen und Aufgaben unserer Zeit. Das Annehmen und die Pflege des Patengeschenkes des Todes entwickelt die vorurteilslosen Empathiekräfte, die verinnerlichten Nachahmungskräfte. Mit hoher Identifikation und Reinheit des Erlebens bewegt das kleine Kind jede Körper- und Sprachbewegung des anderen Menschen bedingungslos mit und ist in dem Moment ganz der andere. Das Ergreifen dieser Kindheitskräfte auf der Bewusstseinsebene („Wenn ihr nicht innerlich umkehrt und das Wesen des Kindes in euch belebt, werdet ihr den Zugang zum Reich der Himmel nicht finden." (11)) führt zu einem wirklichen Verstehen des anderen und der Welt. Das Annehmen des Patengeschenkes von Gottvater hingegen lässt die Jugendkräfte als Erneuerungskräfte ergreifen („Es kommt nicht darauf an, dass man dieses oder jenes lernt, bestimmt oder definiert. Es kommt darauf an, dass man eine neue Begeisterung wirklich aufbringt." (12)) und dem Alltag belebend zuführen. Die Kindheits- und die Jugendkräfte bilden die unerlässlichen Säulen zur Verwirklichung des freien Menschen: „Leben in der Liebe zum Handeln (Jugendkräfte) und Lebenlassen im Verständnisse des fremden Wollens (Kindheitskräfte) ist die Grundmaxime des freien Menschen." (13)

Wir müssen wieder „Kindhaftigkeit, Jugendhaftigkeit in unser totes Denken hineinbringen" (14), denn das „freie geistige Schaffen beruht darauf, dass wir gewisse Eigenschaften, die wir sonst nur in der Kindheit normal entwickeln, für das ganze Leben bewahren." (15)

Aber was geschieht, wenn Gottvater und der Tod nicht genügend als Paten angenommen werden? Ihre Patengeschenke nicht ergriffen werden? Dann tritt der Versucher auf.

Das Mädchen ohne Hände

Des Menschen Freiheit und Fortschritt ist kein statischer Zustand, sondern ein fortwährendes Ringen mit Gegenkräften, mit den Widersacher-mächten, die ihn entweder ganz an die Erde, im Materialismus fesseln wollen, das Geistige vergessend, verleugnend (Ahriman bzw. Mephisto in Goethes „Faust") oder danach trachten, den Menschen dem Irdischen, der Erde zu entfremden, ihn weltfremd werden zu lassen (Luzifer). Die Schlange des Paradieses (Luzifer) verführte den Menschen vom Baume der Erkenntnis, dem Baum „der klug machte" zu essen. Seine Augen „waren aufgetan" und er „wusste, was gut und böse ist" und „im Schweiße seines Angesichtes" sollte er sein Brot essen. Der Zugriff auf den Baum des Lebens wurde ihm zugleich verwehrt.

„Ein Müller war nach und nach in Armut geraten und hatte nichts mehr als seine Mühle und einen großen Apfelbaum dahinter. Einmal war er in den Wald gegangen, Holz zu holen, da trat ein alter Mann zu ihm, den er noch niemals gesehen hatte und sprach: >>Was quälst du dich mit Holzhacken, ich will dich reich machen, wenn du mir versprichst, was hinter der Mühle steht<<." (3)

Wer ist das? Wer spricht da?

Der Apfelbaum liegt bzw. steht „hinter" uns. Der Sündenfall führte zur Abnabelung von der geistigen Welt. Der Müller, um das tägliche Brot bemüht, ist geistig „arm" geworden und bei der Holzhackertätigkeit angekommen: er trennt, zergliedert, löst aus dem Lebenszusammenhang heraus – kurz er ist beim nackten Intellekt, dem abstrakten, analytisch zergliedernden Verstand angekommen. Die Armut ist vollständig erreicht, der Mensch wird anfällig für die Begierde nach äußerem Reichtum. Ahriman tritt in der Gestalt des alten Mannes, einer alten Wesenheit, an ihn heran. Mit dieser für ihn zunächst nicht durchschaubaren Macht, geht der Müller ein Bündnis ein. Er muss ihm versprechen, was hinter der Mühle steht. Auf den Apfelbaum, denkt er, kann er verzichten. Aber dieser „Teufel" will mehr: die schöne, fromme Tochter des Müllers hat er im Sinn, die gerade den Hof „hinter der Mühle", das Vergangene, kehrt bzw. reinigt. Er hat es auf die jungfräuliche, reine Seele, auf die Jungfräulichkeit der Menschenseele, welche eine notwendige Voraussetzung für die Geistgeburt ist, abgesehen. Mit dem Raub dieses Seelenteiles durch Ahriman hätte dieser sein Ziel erreicht: die

Verbindung des Menschen zur geistigen Welt würde vollständig abgeschnitten. (16) Diese Kräftewirksamkeit zeigt sich auch im Jahreslauf, in den tiefen Bildern der Ritter-Georg-Mythe, wo dieser Ritter im Dienste des Erzengel Michael zur Herbsteszeit die Jungfrau aus den Klauen des Drachen befreit, so dass die Geistgeburt zu Weihnachten sich ereignen kann. Auch im Parzival-Epos wird auf dieses Geheimnis hingewiesen: der Gral lässt sich nur von einer reinen Jungfrau tragen, „die muss ohne Falsch sein".(17) „Der Gral ist so schwer, dass ihn die ganze falsche Menschheit nicht von der Stelle tragen kann." (18) Die Reinheit der Müllerstochter ist ihr Schutz gegenüber dem „Teufel": Selbst als dieser dem Müller, dem Holzhacker, den er über die Angst gefügig macht, befiehlt, ihr „die Hände abzuhacken", weint sie solange, bis „ihre Stümpfe" rein waren und der „Teufel" musste weichen.

Seit dem 15. Jahrhundert entwickelt der Mensch die Bewusstseinsseele. Hier enthüllt sich erst die wirkliche Natur des Ich, lässt den Menschen tiefste Einsamkeit erfahren, und bringt verstärkt Gefühle der Leere, des Alleinseins, der ungewissen Suche hervor. Das eigentliche lebendige Denken vermag die Wahrheit zu erkennen, aber der Intellekt, die Intelligenz, welche nur das Tote begreift, wird halt- und orientierungslos und droht eine Verbindung mit dem Bösen einzugehen.

„Die Intelligenz wird die Neigung haben, nur das Falsche, den Irrtum, die Täuschung zu begreifen und auszudenken nur das Böse [...] so dass es immer mehr und mehr unmöglich wird, durch die bloße Intelligenz das Gute zu erkennen." (19)

Die Intellektualität ist nicht mehr bloß in unserem Kopfe, sondern sie umspinnt uns in der Tat schon überall. Wir richten uns zusehends nur nach Begriffen und nicht nach menschlichen Impulsen:

„Die früheren Jahrhunderte hatten ihre Ideen in Anschauungen der Phantasie, unseres bringt sie in Begriffe. Die großen Ansichten des Lebens waren damals in Gestalten, in Götter gebracht; heutzutage bringt man sie in Begriffe. Dort war die Produktionskraft größer, heute die Zerstörungskraft." (20)

„Bei allen Menschen liegen im Unterbewusstsein seit dem Beginne des Bewusstseinsseelenzeitalters die bösen Neigungen, die Neigungen zum Bösen [...]. Es gibt kein Verbrechen in der Welt,

zu dem nicht jeder Mensch in seinem Unterbewusstsein [...] die Neigung hat." (21)

Was wollen diese Kräfte?

„Sie sind wahrhaftig im Weltenall nicht dazu da,
um böse Handlungen in der menschlichen Gesell-
schaft herbeizuführen [...] um den Menschen zu
verbrecherischen Handlungen zu führen, [...]
sondern [...] damit der Mensch auf der Stufe der
Bewusstseinsseele zum geistigen Leben durch-
brechen kann. Würde der Mensch nicht aufnehmen jene Neigungen zum Bösen [...] so würde
der Mensch nicht dazu kommen [...] den Impuls
zu haben, den Geist, der von jetzt ab befruchten
muss alles übrige Kulturelle, wenn es nicht tot
sein will, den Geist aus dem Weltenall entgegen-
zunehmen." (22) „Durch das Erleben des Bösen
wird zustande gebracht, dass der Christus wie-
dererscheinen kann." (in den „Wolken", im
Ätherischen; Anm. d. Verf.) (23) „In dem Finden
des Christus-Funkens in sich, in diesem aufrich-
tigen und ehrlichen Sich-sagen-können: >>Nicht
ich, sondern der Christus in mir<< liegt die Mög-
lichkeit, den Intellekt nicht in Täuschung und in
das Böse verfallen zu lassen [...]. Ganz und gar
ahrimanisch würde die Intelligenz der Menschen,

wenn das Christus-Prinzip die Seelen der Menschen nicht durchdränge." (24)

In einfacher Weise spricht dies der „Herr" im Prolog von Goethes „Faust" aus: „Des Menschen Tätigkeit kann allzu leicht erschlaffen, er liebt sich bald die unbedingte Ruh; drum geb ich gern ihm den Gesellen zu, der reizt und wirkt und muss als Teufel schaffen." (25)

Der Müller bietet der Tochter äußeren Reichtum bis ans Lebensende an, aber das Mädchen, die reine, geistfähige Seele hat im Bereich des Materialismus keinen Lebens-, keinen Wohnraum. Hier kann es nicht weiterleben. Es bedarf des Raumes der Empathie: „Mitleidige Menschen werden mir schon so viel geben, als ich brauche." Die Müllerstochter lässt sich „die verstümmelten Arme auf den Rücken binden" und geht mit „gebundenen Händen" in die Heimatlosigkeit, die Einsamkeit. Die Substanz des Leides lässt sie des nachts, „beim Mondenschimmer", zum „königlichen Garten" finden und mit Maß („eine Birne") der nährenden Kraft des „Birnbaumes" teilhaftig werden:

„Wer überwindet, dem will ich vom Baume des Lebens zu essen geben." (26)

Steht der Apfel für den Baum der Erkenntnis, so erscheint der unberührt gebliebene Baum des Lebens im Bilde des Birnbaumes — die tropfenförmige Birne, die dem Wässrig-Lebendigen verwandt ist; der Baum des Lebens — das sind auch die Kräfte, die den menschlichen Organismus jede Nacht im Schlaf wieder regenerieren und den Abbau durch das Tagesbewusstsein heilen. Die Reinheit der Seele ermöglicht die Begegnung mit der Engelwelt: ein Engel im schneeweißen Kleide führt sie in den nächtlichen, königlichen Garten. Hier begegnet sie dem König, der sie liebt, weil sie schön und fromm ist, sich mit ihr vermählt und ihr „silberne Hände" machen lässt; „silberne Hände", die die äußeren Notwendigkeiten im Tun spiegeln. Aber die volle Herzens- und Geisteskraft kann noch nicht ganz nach außen getragen werden. Als die junge Königin empfangen und ein „Kind" erwartet, muss der junge König ins Feld ziehen. Es bedarf nun der Vermittlung eines „Boten". Aber wo neues entstehen will, tritt der „Teufel" wieder auf den Plan: er nutzt das herabgedämpfte Bewusstsein, den „Schlaf" des Boten, um die Briefe zu vertauschen, um über die Lüge und Täuschung Verwirrung zu stiften und zu spalten. Wurden beim ersten Anschlag lebenskräftemäßig die Handlungsorgane des Herzraumes zurückgedrängt, „abgehackt", so will Ahriman nun diese reine Seele und das in ihr Empfangene, die Geistgeburt, töten. Die Handschrift Ahrimans zeigt sich in der Begierde nach äußerem Reichtum, der Angst, der Lüge und Täuschung, der Spaltung und Zersplitterung, der Einwirkung in herabgedämpftes Bewusstsein, der Diffamierung, Zensur, Bespitzelung und Denunziation.

Wieder muss die reine Seele alles verlassen (eine erneute Todeserfahrung) und mit dem Kind auf der Brust – d.h. den empfangenen geistigen Impuls im Herzen tragend - erneut in die Heimatlosigkeit gehen. Der Weg führt sie in einen „großen, wilden Wald". Ihr erneutes Gebet wird erhört und der Engel des Herrn (der Erzengel Michael, das Antlitz Christi) führt sie zu einem kleinen Haus: „Hier wohnt jeder frei". Was ist das für ein Ort? In der Mitte des Menschen ist ein Raum, ein Bereich gegeben, in den die Widersachermächte nicht hineinkommen. (27) Hier kann der Mensch in freier Weise mit der geistigen Welt, den geistigen Wesen kommunizieren.

Was in der Seele durch Berührung mit dem Geist an höherem Leben erwacht, das „Kind", wird in einer Zeit, die vom materialistischen Denken geblendet ist, von der Umwelt zurückgewiesen und missachtet. Zur Ohnmacht des Wirkens verurteilt, darf „das Mädchen ohne Hände" sein Sternengeheimnis nur noch im Herzen tragen, „das Kindlein an der Brust gebunden." In der Seeleneinsamkeit erstarkt der innere Mensch, das höhere Ich, im Widerstreit mit der ahrimanischen Macht. Erst dadurch entdeckt der Mensch den heiligen Ort im Seeleninnern, wo die volle Freiheit erlebbar wird. Ein Engel, eine „schneeweiße Jungfrau", führt sie in das kleine Haus, „ein Engel von Gott gesandt, dich und dein Kind zu verpflegen."

In der russischen Fassung dieses Märchens wird das in der Menschenseele geborene „Geisteskind", das keinen irdischen Vater hat, nur den „Vater in den Himmeln", noch näher beschrieben „Bis zu den Ellbogen waren die Arme in Gold, auf den Hüften schimmerten die Sterne, auf der Stirne glänzte der helle Mond und auf dem Herzen die goldene Sonne."

Sieben Jahre bleibt die junge Königin in diesem religiösen, Gnade erfüllten Raum und die (Äther-, Lebenskräfte-) „Hände" wachsen ihr nach. In der russischen, sehr tiefsinnigen Fassung, beugt sie sich als Bettlerin über den Brunnenrand, dabei entfällt ihr das Sternenkind. Ein alter Mann, Gottvater, spricht zu ihr: „Beuge dich hinunter und ziehe das Kind heraus." Sie spricht: „Ich habe ja keine Hände, Väterchen." Gottvater bittet sie nochmals. Da streckt sie die Arme in den Brunnen hinab und im Ausstrecken wachsen ihr die Hände nach und sie birgt das Kind aus der Tiefe.

Zur gleichen Zeit begibt sich der König auf die Suche nach ihr. In tiefer Empathie zu ihrem Leid geht er suchend den Weg, ohne Nahrung zu sich zu nehmen, „aber Gott erhielt ihn doch." Nach ebenfalls 7 Jahren kommt er zu dem kleinen Haus und wird von der schneeweißen Jungfrau hineingeführt. Dort findet er Frau und Kind.

Beginnt das Märchen mit dem Apfelbaum, der Armut und geistigen Unterernährung in unserer Zeit, so geht der entsagungsvolle Weg die kultischen Stufen über das Opfer und die Wandlung bis hin zur Kommunion: „Da speiste sie der Engel Gottes noch einmal zusammen", aus der Sphäre des Baumes des Lebens, zu dem der Christus den Menschen zu führen vermag.

Die nachgewachsenen Hände sind Bild für die neu gewonnenen, vom Herzen ausgehenden

Initiativ- und Gestaltungskräfte: die „goldenen Arme".

„Wenn der Hellseher die Hände des Menschen ansieht, sind sie tatsächlich wunderbar verschieden von den anderen Gliedern, selbst vom Gesicht. Aus den Fingern gehen hervor und leuchten weit hinein in den umliegenden Raum strahlende Gebilde des Ätherleibes, die sich bald glimmend schwach, bald stechend in den Raum hineinstrecken. Je nachdem, ob der Mensch froh oder betrübt ist, strahlen seine Finger verschieden aus und anders strahlt sein Handrücken aus und anders die innere Handfläche. Und für den, der geistig zu beobachten versteht, ist die Hand allerdings mit ihrem Ätherleib und ihrem astralischen Teil, ein ganz wunderbares Gebilde."(28) So wie die Liebe die menschliche Hand, den menschlichen Arm befeuern wird, damit er aus dem Innern heraus die Kraft zur Tat hat, so wird von außen die Atmosphäre des Vertrauens in uns strömen müssen, damit die Tat den Weg von einem Menschen zum anderen hin finde.

Die Waldorfpädagogik als fortgesetzte Taufe

„In einen großen Geisteskampf wächst unsere Jugend hinein und sie wird mit Kräften gerüstet sein müssen, von denen sich die heutige Menschheit – 1919 – vielfach nichts träumen lässt."(29)

Dieser Geisteskampf zeigte sich in den gewaltigen Katastrophen des 20. Jahrhunderts und wird auch deutlich im jetzigen Zeitgeschehen. Welche Aufgabe, welche Herausforderung kommt hier der Pädagogik zu?

Das kleine Kind offenbart wunderbare schöpferische Kräfte und einen großen Lernwillen in der Liebe zur Welt. Doch mit Eintritt in die Schule droht dieser Wille zusehends herabgelähmt zu werden und zu verblassen. Ehrgeiz, Wettbewerb, Punktesystem - kurz, viele intellektuelle Gedanken und äußeres Wissen, das der Mensch anhäuft, ohne dass es in lebendiger Verbindung mit seinem Menschsein steht, er nicht mit Enthusiasmus lernt, die elementare Verbindung zwischen dem, was er aufnimmt und dem, was in seiner Seele eigentlich an Begehrungsvermögen nach Aufnehmen des Geistigen lebt, fehlt. Es ist als ob der Mensch in gewisser Weise fortwährend Nahrungsmittel in sich hineinstopft, obwohl kein Hunger danach vorhanden ist, er sich Oberflächenansichten aneignen muss, ohne diese mit seinem Herzen verbinden zu können.

„Man will heute noch immer untertänige Menschen, die sich dem System unterordnen und dem Konsum einordnen. Sie werden erdrückt von dem Gewicht des Beigebrachten. Das Spiel wird erdrückt. Es kommt zum sozialen Desaster der Klassifizierung in Akademiker und Nicht-Akademiker. Die Bildung, die Ausbildungsstandards von einer Bildungselite gemacht, werden von der Wirtschaft bestimmt. Die heutige Ökonomie ist sehr militärisch, es geht ums Siegen, um Konkurrenz. Im heutigen Schulsystem wird ausschließlich der Kapitalismus und die Profitmaximierung gepredigt. Warum machen das alle mit? Die Verkürzung des Lebens auf die Ökonomie ist eine der schlimmsten Entwicklungen der heutigen Zeit. Die Welt kann durch Reformen nicht mehr reformiert werden […]. Wir brauchen richtige Erschütterungen. Wir brauchen Menschen, die die alten Bildungssysteme zertrümmern und neuen Raum geben." (30)

Rudolf Steiner sagte schon im Jahre 1919 im Hinblick auf die Bildungssituation:

„Das Herausbringen aus der Niedergangskultur kann nur ein aktives Geistesleben, das den Mut hat, mit allem möglichen Alten zu brechen. [...] Wir müssen heute offen und ehrlich die große Abrechnung halten." (31)

Die Begründung der Waldorfschulpädagogik direkt nach dem 1. Weltkrieg im Jahre 1919 war eine erste Antwort darauf. Allerdings äußerte sich Rudolf Steiner auf seinem Sterbebett: "Wenn ich könnte, würde ich das Ruder an der Waldorfschule noch vollkommen auf die Seite des Künstlerischen herumreißen." Es wurde eine neue Pädagogik initiiert, wo das Kind ganz mit dem verbunden sein soll, was es lernt, was es aufnimmt. Der Unterricht soll ein Hineingehen ins Wesen der Dinge ermöglichen, - nicht nur kleben an der äußeren Erfahrung -, einen Zusammenlebeunterricht mit der ganzen Umwelt. Lebenskunde soll aller Unterricht sein. Auch gilt es über die Schönheit der Welt ihre Sinnhaftigkeit, ihren Gleichnis-Charakter zu erfahren. Das Miteinander-Tun, die praktischen und künstlerischen Projekte pflegen zusätzlich die Sozialfähigkeit. In der künstlerischen Hingabe wächst die Liebe zur Welt. All dies Tun fördert und pflegt die Empathiekraft zur Welt und zum Mitmenschen. Das Institut für Evolutionäre Anthropologie (EVA) in Leipzig bezeichnet die Empathie als die stärkste Geistesleistung des Menschen. Diese Empathiekraft führt zu einem vertieften Verstehen und Erfahren des Wesenhaften der Natur und des Menschen. Hier schimmert das Patengeschenk des Todes durch, die umgewandelten Kindheitskräfte, und zeigt sich in seiner Pflege und Entwicklung.

Eine zweite wichtige Säule dieser Pädagogik ist der Umgang mit dem Bild: das Bild, in Märchen, Fabeln, Mythen … welches das Kind ahnen, fühlen, verstehen lässt, wie das Geistige im Irdischen wirkt. Der Jugendliche nun will sich das Bild, die Imagination erarbeiten, die ihm den größeren, sinnerfüllten Lebenszusammenhang erschließt. Die Bilder und das künstlerische Tun machen die Seelen reich. Was regen diese Bilder an?

„Denn der Mensch muss möglichst so erzogen werden, dass das Intellektuelle, das mit der Geschlechtsreife erwacht, in der eigenen Menschenwesenheit seine Nahrung finden kann. Hat der Mensch vorher durch Nachahmung, auf Autorität hin, in der Bildhaftigkeit einen inneren Reichtum aufgenommen, dann wird das, was er

so aufgenommen hat, sich intellektualistisch um-
wandeln lassen, wenn er die Geschlechtsreife er-
langt hat. Er wird immer davor stehen, dasjenige
jetzt zu denken, was er vorher gewollt und ge-
fühlt hat. Und dass dieses intellektualistische
Denken ja nicht zu früh eintritt, dafür ist eigentlich im Unterricht und in der Erziehung auf das
gründlichste zu sorgen. Denn der Mensch kommt
nicht zu einem Freiheitserlebnis, wenn man es
ihm eintrichtern will, sondern nur dadurch, dass
es in ihm selber erwacht. Aber es darf nicht in
seelischer Armut erwachen. Wenn der Mensch
nichts vorher durch Nachahmung und Nachbil-
dung in sich aufgenommen hat, so dass es her-
aufgenommen werden kann aus den Seelen-
tiefen in das Denken, dann will der Mensch im
geschlechtsreifen Alter im Denken sich entfalten,
und die Folge davon ist, dass er, wenn er nichts
aufgenommen hat in Nachahmung und Bild,
auch nichts findet, woran er sich entfalten kann,
gewissermaßen ins Leere greift mit dem Denken.
Das gibt ihm Haltlosigkeit, das bringt ihn dazu, in
jenem Lebensalter, wo er eigentlich schon in sich
bis zu einem gewissen Grade gefestigt sein müss-
te, sich in allerlei Allotria einzulassen, dies und
jenes nachzuahmen, sich zu gefallen, nachzuahmen in den Rüpel- und Flegeljahren dasjenige,

was ihm gerade gefällt – meist ist es etwas, was den anderen, die eben auf die Nützlichkeit des Lebens ausgehen, nicht gefällt -, das nachzuahmen, weil er als Kind nicht im richtigen Nachahmen lebendig gehalten worden ist. So sehen wir viele nach der Geschlechtsreife herumlaufen, da oder dorthin sich anlehnend und damit das innere Freiheitserlebnis betäubend. In jedem Lebensalter muss eben durchaus darauf gesehen werden, dass man nicht bloß für dieses Lebensalter erzieht, sondern für das ganze irdische Menschenleben, ja noch darüber hinaus. Denn die schönste Art, zunächst an die unsterbliche Menschenwesenheit heranzukommen, ist die, nun selber zu erfahren nach der Geschlechtsreife, wie dasjenige, was durch Nachahmung in Bildern sich in die Seele ergossen hat, jetzt der Seele selber sich emanzipiert in den Geist herauf, und zu fühlen, wie es übergeht aus dem zeitlichen Wirken in das ewige Wirken, das dann durch Geburt und Tod geht. An diesem Heraufkommen desjenigen, was in richtiger Weise durch die Erziehung in die Menschenseele sich ergossen hat, erlebt man die Unsterblichkeit, denn man erlebt vor allen Dingen deutlich durch die Erfahrung, dass man etwas war, bevor man in die physische Welt heruntergestiegen ist. Und mit dem […] verbindet sich das, was auftritt aus dem religiös Nachgeahmten und bildhaft Aufgenommenen; so kommt man heran im Erleben an den Unsterblichkeitskern." (32)

„Das Zusammenwachsen mit der Geistigkeit wird das volle Jugenderlebnis sein." (33)

Die an das Kind herangebrachten Wahrbilder (so haben z. Bsp. die Märchen als früheres Einweihungswissen vom Menschen in imaginativer Form eine weckende Kraft) und die mit dem Jugendlichen erübte Imaginationskraft, lassen Bilder in der Seele „hochzucken" , ahnend ins Bewusstsein treten, Ideale, vorgeburtliche Impulse für dieses Leben. Können sie bewusst erfasst werden, stellen sie gewaltige Gestaltungs- und Entwicklungskräfte dar:

„Und jetzt beginnt die Zeit – und darinnen liegt vielfach der Grund für das Stürmische unserer Zeit – in welcher dle Seelen aus der geistigen Welt, indem sie durch die Empfängnis und die Geburt zum irdischen Leben heruntersteigen, sich Bilder mitbringen. Bilder, wenn sie mitgebracht werden aus dem geistigen Leben in dieses physische Leben herein, müssen unter allen Umständen, wenn Heil für den Menschen und für sein soziales Leben entstehen soll, die muss der Mensch in sich während seines Lebens lebendig machen. Denn was da tief drinnen sitzt in der Kinderseele, das sind die in der geistigen Welt empfangenen Imaginationen. Die wollen herauf. Und wenn der Lehrer oder der Erzieher sich richtig zum Kinde verhält, bringt er ihm Bilder entgegen. Und indem der Lehrer Bilder vor das kindliche Gemüt hinstellt, zucken herauf aus dem kindlichen Gemüte diejenigen oder besser gesagt, die Kräfte der verbildlichenden Darstellung, die empfangen worden sind vor der Geburt oder, sagen wir, vor der Empfängnis. Das Kind hat in seinem Leibe Kräfte sitzen, welche es zersprengen, wenn sie nicht heraufgeholt werden in bildhafter Darstellung. Und was ist die Folge? Verloren gehen diese Kräfte nicht; sie breiten sich aus, sie gewinnen Dasein, sie treten doch in die Gedanken, in die Gefühle, in die Willensimpulse hinein. Und was entstehen daraus für Menschen? Rebellen, Revolutionäre, unzufriedene Menschen. Menschen, die nicht wissen, was sie wollen, weil sie etwas wollen, was man nicht wissen kann, weil sie etwas wollen, was mit keinem möglichen sozialen Organismus vereinbar ist, was sie sich nur vorstellen, was in ihre Phantasie hätte gehen sollen, da nicht hineingegangen ist, sondern in ihre sozialen Treibereien hineingegangen ist. Wenn heute die Welt revoltiert, da ist es der Himmel, der revoltiert, das heißt der Himmel, der zurückgehalten wird in den Seelen der Menschen und der dann nicht in seiner eigenen Gestalt, sondern in seinem Gegenteile zum Vorschein kommt, der in Kampf und Blut zum Vorschein kommt, statt in Imaginationen. Es ist daher gar kein Wunder, wenn jene Menschen, die sich an solchem Zerstörungswerk der sozialen Ordnung beteiligen, eigentlich das Gefühl haben, sie tun etwas Gutes. Denn was spüren sie in sich? Den Himmel spüren sie in sich; er nimmt aber nur karikaturhafte Gestalt an in ihrer Seele." (34)

Die beiden Weltkriege waren mit die Folge eines Nichtaufnehmens der Impulse der geistigen Welt. In dem heutigen, von Nervosität durchzogenen Zeitgeschehen zeigen sich ebenso solche Kräfte der nicht genügend vom Bewusstsein ergriffenen Bilder und Inspirationen:

„Aber in unserer Zeit ist die Menschheit trotz ihres Materialismus dem Geiste näher, als man glaubt. In uns walten Inspirationen und Imaginationen. Nur verwandeln wir die Imaginationen wegen unserer mangelnden produktiven Phantasiekraft in allerlei gespenstige Bilder über die

Zusammenhänge der Welt, mit denen wir die wirklichen Weltzusammenhänge verleumden. Aus dem Innern will etwas aufsteigen zu Herz und Kopf, aber die Menschen empfinden es nur als Nervosität, weil sie es nicht heraufsteigen lassen wollen, oder sie betäuben sich durch irgendetwas anderes gegen diese Offenbarungen des Geistes. Und auch die Inspirationen verwandeln sich, und zwar zu wilden animalischen Emotionen, die sich in Blut ausleben wollen. Sehen sie hin auf das Blut, das heute fließt, sehen sie hin, wenn die Menschen an die Wand gestellt und erschossen werden: das sind die Inspirationen, die an die Menschen kommen wollen mit dem guten Willen der geistigen Welt, die von den Menschen gehasst wird, und die sich daher in wilde animalische Triebe verwandeln."(35)

Die Geburtshilfe für die schlummernden Bilder verhilft zu einer starken schöpferischen Kraft, einem aufblühenden Idealismus. Zugleich erwacht im Jugendalter die eigentliche Phantasie, mit deren Hilfe der Jugendliche seine Ideale verwirklichen kann. Er bildet so die inneren Impulse aus, die ihn an die richtige Stelle der Erfahrung führen. Es ist die von den „Sternblumen" gespeiste „Stierkraft", der Idealismus, der Willensweg zu Christus, das Patengeschenk des Vatergottes.

Für die Verwirklichung beider Wege stellt das künstlerische Tun eine unerlässliche, wesentliche Hilfe dar: die Pflege der liebevollen Hingabe, die Identifikation mit dem zu Gestaltenden, ... all das stärkt die Empathiekraft. Die Begeisterung für eine Sache, die künstlerische Ausarbeitung, nach dem Ideal strebend, - in einer Skulptur oder einer eurythmischen Gestaltung oder einem Theaterstück - pflegt das Ergreifen und Verwirklichen der Ideale. Aber es lauert überall die Gefahr des isolierten Intellektes, des „Holzhackers". Eine Pädagogik, welche Intellekt überladen ist, droht den Kräften der Empathie und des Idealismus zu wenig Nahrung zu geben, sie verkümmern zu lassen, die „Hände abzuhacken". So bedarf es heutzutage einer intensiven Gemüts - und Willenspflege:

„Der Intellekt ist das Geistigste zunächst in uns; wenn wir ihn aber einseitig entwickeln, Gefühl und Wille nicht mit ihm, dann entwickeln wir immer den Hang, materialistisch zu denken. Während in uns selbst der Intellekt das Geistigste ist während des physischen Erdenlebens, hat dieser Intellekt in uns den Drang nach dem Materialismus hin. Wir dürfen namentlich nicht glauben, dass, wenn wir den Intellekt entwickeln, wir auch das Geistige im Menschen entwickeln. So paradox das klingt, so ist es doch wahr: wir entwickeln nur im Menschen die Anlage, das Materielle zu begreifen dadurch, dass wir seinen Intellekt entwickeln. Erst dadurch, dass wir geschmackvoll in ästhetischer Weise sein Gemüt, sein Gefühlsleben entwickeln, erst dadurch weisen wir den Intellekt des Menschen auf das Seelische hin. Und erst dadurch, dass wir Willenserziehung treiben, selbst wenn diese Willenserziehung getrieben wird an äußerer Handfertigkeit, legen wir in den Menschen die Grundlage zum Hinordnen des Intellektes nach dem Geiste. Wenn so wenige Menschen heute einen Hang haben, den Intellekt nach dem Geiste hinzulenken, so beruht das darauf, dass der Wille so falsch erzogen wurde während der Kinderjahre. Wodurch lernen wir aber als Lehrer den Willen in der richtigen Weise erziehen? […] Wir lernen es dadurch, dass wir das Kind vor allen Dingen sich betätigen lassen in der Kunst."(36)

Das rein wissensmäßig, intellektuelle Lernen lähmt die schöpferischen Entdecker- und Initiativkräfte der Kinder. Es „bricht ihnen" auf der Lebenskräfte-Ebene „Arme und Beine":

„Zwischen dem, was der Kopf und manchmal das Herz lernen muss, und dem, was dem Menschen eingeboren ist, besteht eine furchtbare Diskrepanz [...] Es gibt eigentlich nichts Unnatürlicheres bisher in der Welt, als dass Kinder, die heranwachsen, heute dasjenige lernen müssen, was sie eben lernen müssen. Selbstverständlich müssen sie das lernen, das ist äußerlich notwendig. Aber für die Seele ist es vielfach so, als wenn man eine naturgemäße Entwicklung des Leibes dadurch herbeiführen wollte, dass man den Kindern im 6. und 7. Jahre die Hände und Beine bricht. So ungefähr tut man, wenn man sie zwingt, Buchstaben zu lernen, die nur für Große sind, lesen und schreiben sogar zu lernen. Aber wir müssen sie zwingen, obwohl die größte Disharmonie besteht zwischen der Kunst des Lesens und Schreibens und dem, wohin die Seele will. Es ist jammervoll anzuschauen." (37)

Hier würde sich unweigerlich das Schicksal des „Mädchens ohne Hände" vollziehen. Es bedarf der heilenden Wirkung des künstlerischen Tuns, der Eurythmie, welche „die Arme nachwachsen" lässt:

„Es wäre so ziemlich alles geschickter, als die Kinder schreiben und lesen zu lehren in diesem

Alter. Wenn sie – nun sagen wir – aus einfachem Straßendreck angewiesen würden Figuren zu machen, so wäre dies viel gescheiter. Wir können nur eines tun, können nur versuchen, den verkümmerten Lebensleib sich bewegen zu lassen in den Bewegungen und Rhythmen und Bedeutungen, die die Götter (Engel) wollen. Das soll Eurythmie bieten in pädagogischer Beziehung." (37)

Das künstlerische Tun, die Eurythmie und im Erwachsenenalter auch die Meditation lassen den Menschen Anschluss finden an den Raum, wo jeder „frei wohnt". Im Märchen „Das Mädchen ohne Hände" ist es der Engel des Herrn, Michael, der zu diesem Raum führt. Damit der Zeitgeist Michael in die Kultur helfend einwirken kann, bedarf es bestimmter Voraussetzungen:

„Michael braucht gewissermaßen einen ‚Wagen', durch den er in unsere Zivilisation hereinkommt. Und dieser ‚Wagen' ist dasjenige, was sich dem wirklichen Erzieher enthüllt, wenn es aus dem jugendlichen, werdenden Menschen hervortritt, ja schon aus dem Kinde. Da arbeitet noch das, was Kraft des vorirdischen Lebens ist. Da ist es real vorhanden, was, wenn wir es pflegen, für Michael der ‚Wagen' wird, mit dem er in unsere

Zivilisation hereinfahren wird [...] Dazu brauchen wir lebendige Menschlichkeit, wie sie aus übersinnlichen Welten in das irdische Menschenleben sich hineinlebt und darinnen sich manifestiert, gerade in den ersten Zeiten des Menschenlebens."(38)

„Aber wir müssen ein Herz haben für eine solche Erziehung [...], wenn wir Michael [...] das ‚Fahrzeug' bereiten durch eine lebendige, künstlerisch geführte Erziehung der Jugend." (38)

Hier schimmern die beiden Patengeschenke durch. Die Verwirklichung der Patengeschenke ermöglicht das die Kultur impulsierende Hereinwirken Michaels. Michael führt zu dem Raum, wo der Mensch „frei wohnt" und die „Speise", die Kommunion erfahren kann. Und aus diesem Freiheitsraum wird die heute so notwendige Pädagogik ermöglicht werden, durch die die Michaelskräfte helfend in die Kultur einziehen können und die Spiritualisierung der Intelligenz kulturaufbauend vollzogen werden kann.

Die Paten (engl.: „godparents", die Gotteseltern) werden für ein Kind als Wächter gebeten, die seinem Wesen die Treue halten und ihm vorangehen, die aus freien Stücken Verantwortung über-

nehmen. Ihr Geschenk überreichen sie im Zusammenhang mit der Taufe. Hier wird für das
Kind im Sakrament das Himmlische mit dem
Irdischen verbunden, die Beziehung zwischen
Himmel und Erde vermittelt – und in dem Christus ist beides verbunden –, das Kind wird in die
Gemeinde des Christus Jesus eingeführt. Die
Taufe veranlagt die Kraft im Erdenleben, die Verbindung zum Geistigen nicht zu verlieren und in
die Tat umzusetzen, was man sich für dieses Erdenleben vorgenommen hat.

„Die jugendliche Seele möchte eine Übereinstim-
mung zwischen geistiger und irdischer Welt ent-
decken. Behaust ist man erst, wenn man in der
irdischen Welt wiederfindet, was aus dem Nach-
klang einer geistigen Welt noch vertraut ist." (39)

Frühere Taufvorgänge (Wassertaufe/ Jordan-
taufe) führten den Erwachsenen an die Todes-
schwelle. Der Täufer, der Hierophant, führte
diesen Vorgang und der zu Taufende kehrte mit
geistigen Erlebnissen von jenseits der Schwelle
zurück. Vergleichbar gab es Jugendinitiations-
riten bei Naturvölkern. Hier wurde der Jugendliche in eine Schwellenerfahrung geführt, die ihm
zu einer Vision seines künftigen Lebens verhalf.
Dann erhielt er einen neuen Namen, der seinem

Schicksalsauftrag entsprach. Heute gibt es in Europa keine Erwachsenentaufe und keine Jugend-Initiation. Diese Aufgabe, die lebendige Verbindung zwischen der Realität der geistigen Welt und der Erdenwelt zu schaffen, kommt heute der Pädagogik zu. Die Waldorfpädagogik, die dem Bewusstseinsseelenzeitalter entsprechende Pädagogik, welche das Kind in die wirklich praktische Welt hineinführt und ihm zugleich hilft, sich seiner vorgeburtlichen Impulse, Ideale bewusst zu werden, ist in diesem Sinne eine Fortsetzung, eine Fortführung der Taufe unter der Entwicklung und Pflege der Patengeschenke des Todes und Gottvaters. So kann der Lebensfaden aufschimmern, immer deutlicher werden.

Und führen, wohin du nicht willst

Jeder Mensch kommt mit seinem „Buch", seiner Lebens-Schrift (Bio-Grafie), zur Welt („Vom Knaben, der mit dem Buch zur Welt kam" (40)). Die drei Schicksalsgöttinnen (Engel), die Weberinnen am himmlischen Webstuhl, welche den Lebensfaden spinnen, ihn bemessen und zur rechten Zeit abschneiden, sind noch bei der Wiege anwesend und gewähren einen Vorblick auf die Zukunft, das Schicksal. Im Alter von sieben Jahren „spinnen die Mädchen und die Jungen knüpfen Netze" (41), um „Brachsen mit goldenen Flossen zu fangen", - so heißt es in einem russischen Märchen. Das Ganze ist noch eingebunden in den Goldglanz der Kindheit. Erst im 14./15. Jahre wird der eigentliche Intellekt frei: „Dornröschen" (3) sticht sich an der Spindel und fällt in einen 100-jährigen „Schlaf". Alles im Reich steht still. - Im Intellekt hält sich der Mensch für besonders wach, aber in Bezug auf das Geistig-Wesenhafte schläft der Intellekt, er befindet sich in einem Traum von der Welt. Der Intellektualismus ist nur noch der Leichnam des regsamen Geistes, er kann und will sich nicht mitbewegen, er ist ein passiver Weltenzuschauer.

„Der Mensch fühlt sich wie abgekoppelt vom

Strome des Weltgeschehens, [...] wie eine Hand einschläft, wenn sie abgeschnürt wird, so schlief die Menschheit seelisch-geistig ein."(42) „Der Intellekt ist das automatische leblose Fortdenken, nachdem man von der Welt längst abgeschnürt ist." (42)

Im intellektuellen Zeitalter ist die „Kette des eigentlichen Weltenfortschrittes", der Faden, unterbrochen worden. Wie bringt der Mensch sein Tiefstes, das er in sich hat, wieder zum Aufwachen? Wie kann der Mensch sich erwecken und wieder Anschluss an den Fortschritt erlangen?

„Wenn die Dinge so fortgehen, wie sie sich um die Jahrhundertwende herum ergeben haben, dann wacht kein Mensch auf. Denn die anderen sind auch so, dass sie niemanden aufwecken können. Schließlich müssen die Menschen sich doch gegenseitig etwas sein, auch in der Gemeinschaft [...]. Das ist es auch, was von Anfang an durch alles das, was in der Waldorfschul-Pädagogik lebt, durchgeleuchtet hat. Sie sollte nicht ein System von Grundsätzen, sondern ein Impuls zum Aufwecken sein. Sie sollte Leben sein, nicht Wissen; nicht Geschicklichkeit, sondern Kunst sollte sie sein, lebensvolles Tun, weckende Tat. Darauf kommt es an, wenn geweckt werden soll, da die Menschen nun schon einmal durch die Weltentwicklung in einen Schlaf hineingekommen sind, der erfüllt ist von intellektualistischem Träumen. Schon im gewöhnlichen Traum wird der Mensch oft größenwahnsinnig. Aber dieses gewöhnliche Träumen ist ein Waisenknabe gegenüber dem intellektualistischen Träumen." (43)

Und das tiefste, wirksamste Mittel zum Aufwecken ist das Künstlerische. Besonders die Eurythmie, in der Pflege einer neuen Willens- und Zuhörkultur, vermag zu einem Erwachen zu führen, das übers Tageswachen hinausgeht. Sie ist von Sinn durchzogene äußere Tätigkeit, vergeistigt die körperliche Arbeit und belebt, durchblutet die intellektuelle Arbeit. Einer neuen, das Geistige mit einbeziehenden Pädagogik kommt hiermit die Aufgabe zu, der Menschheit zu helfen, sich wieder in den eigentlichen Menschheitsfortschritt einzugliedern. Hierzu ist eine intensive innere Bewusstseinsarbeit vonnöten. „Spindel, Weberschiffchen und Nadel" erhält das arme Mädchen von der Patin im gleichlautenden Märchen. Dies sind Bilder für die Bewusstseinstätigkeiten, welche die Seele geistfähig machen, so dass sie wieder Geistiges aufnehmen kann: das Spinnen des Gedankenfadens (willensdurchkraftete Denken), das Verweben der Gedanken- und Schicksalsfäden und im Nähen wird das Zergliederte, wird aus den Teilen wieder ein Ganzes. Dornröschen, die Königstochter, steigt die „Wendeltreppe des alten Turmes hinauf", ins „Oberstübchen", fasziniert von dem Ding, das „so lustig herumspringt" und sticht sich an der Spindel (Geburt des Intellektes), spinnt aber noch nicht. Das beschreibt den Weg in die Armut. Hier beginnt das „arme Mädchen", sein Schicksal annehmend, mit Fleiß zu spinnen, zu weben und zu nähen und „es war, als ob sich der Flachs in der Kammer von selbst mehrte". Das Mädchen spinnt einen „goldenen Faden", die Verbindung zum „Königssohn", webt einen „Teppich mit goldenem Grund", über den der „Königssohn" zu dem Mädchen geritten kommt und mit Hilfe der „Nadel" wird das Innere des Hauses mit „Samt und Seide" ausgekleidet:

„Da sprang ihr die Nadel aus den Fingern und flog in der Stube hin und her, so schnell wie der Blitz. Es war nicht anders, als wenn unsichtbare Geister arbeiteten, alsbald überzogen sich Tisch und Bänke mit grünem Tuch, die Stühle mit Sammet, und an den Fenstern hingen seidene Vorhänge herab. Kaum hatte die Nadel den letzten Stich getan, so sah das Mädchen schon durch das Fenster die weißen Federn von dem Hut des Königssohnes, den die Spindel an dem goldenen Faden herbeigeholt hatte. Er stieg ab, schritt über den Teppich in das Haus herein, und als er in die Stube trat, stand das Mädchen da in seinem ärmlichen Kleid, aber es glühte darin wie eine Rose im Busch. > Du bist die Ärmste und auch die Reichste <, sprach er zu ihr, > komm mit mir, du sollst meine Braut sein <."

Die Spiritualisierung des Intellektes ist eine entscheidende Aufgabe unseres Zeitalters. „Was ist des Menschen Klugheit, wenn sie nicht auf der Götter Willen droben achtend lauscht?" (44) Was ist des Menschen Klugheit, wenn sie nicht von dem Christus durchdrungen wird? Die Zukunft hängt von der Durchchristung der menschlichen Intelligenz ab. Der Mensch wird an die Schwelle geführt, die ihm zum „Frühmahl am See" (45) werden kann, wo er mit Hilfe des Christus, das „Netz ins Meer", in die geistige Welt eintaucht und sich das Netz füllen kann. Wer z. Bsp. des Abends mit vertieften Gedanken, seinen Verknüpfungen, seinem „Netz", in der sich öffnenden Gebärde einer Frage, in die Nacht eintaucht, kann u. U. die Gnade des Fischfanges am folgenden Morgen erfah-

ren: „Morgenstund hat Gold im Mund."(46) -
Bisher war der Mensch gewöhnt, sich selbst zu
gürten, aber in dieser Sphäre verbindet er sich
mit dem Strom aus der Zukunft, vom Tode her,
und es ereignet sich das eigentliche Schicksal:

„Solange du jung warst, gürtest du dich selbst
und strebtest nach selbst gewählten Zielen.
Wenn du aber des Alters Reife erlangst, so wirst
du deine Hände ausstrecken, und ein anderer
wird dich gürten und dein Führer sein zu Zielen,
die du dir nicht selber gibst. - Mit diesem Wort
gab er ihm ein Bild von der Art des Sterbens,
durch die das Göttliche in ihm zur Offenbarung
kommen sollte." (47)

Weist Petrus vor Golgatha die Fülle des „Fischfanges" – die zugleich zur Last werden kann,
wenn man diese nicht halten, nicht mit sich dau-
erhaft verbinden kann – zurück, ja das durch den
Christus Erfahrene, den Christus selber („Herr
gehe von mir hinaus, ich bin ein sündiger
Mensch") (48) , so geschieht der „Fischfang" nach
Golgatha ganz ichhaft, mit Maß (die Netze reißen
nicht), „auf der rechten Seite" und das „volle
Netz an Land ziehend" und in der intuitiven Erkenntnis „Es ist der Herr". Nicht die Sündhaftig-
keit, nicht die eigenen, zukunftsabweisenden

Verfehlungen und nicht die Verleugnung Christi stehen im Raum, sondern die Hingabe an die Liebe Christi. Dreimal hatte Petrus den Christus verleugnet, dreimal erfährt er die Frage „Liebst du mich?". Das Petrus-Schicksal ist ein Menschheitsschicksal. Hier findet die Heilung der Verleugnung statt. Der Mensch tritt in seine eigentliche Entwicklung, in seinen Zukunftsraum. Das „Hier hungert die Menschheit über sich hinaus. Hier strecken sich die Hände aus nach der Ewigkeit." (2) findet an der Schwelle seinen Widerhall, seine Antwort in der geistigen Welt: „Kindlein, habt ihr nichts zu essen?" (45) . Und als sie ans Land kommen, ist das Mahl bereitet. Das Ich in seiner wesenhaften Entwicklung ist noch am Anfang, noch ein „Kind". Das Schicksal (49), das Schicksals-Ich, der Christus selber, der fortwährend Kommende, kommt dem Menschen aus der Zukunft entgegen und ist zugleich in ihm. Die beiden Christuswege klingen hier zusammen. Ein Erwachen zum eigenen höheren Wesen findet statt. In dieser Sphäre ergreift der Mensch seinen eigentlichen Lebensfaden. Es gilt mutig den Faden in der eigenen Biografie sowie als ganze Menschheit wieder aufzunehmen – „Und führen, wohin du nicht willst." In diesem Geiste wird ein neues Miteinander, werden neue „La cathédrale" erstehen.

„Wo ist der rote Faden? Der alles
zusammenhält? Der rote Faden ist man selbst.
Solange ich den roten Faden statt in mir selbst,
woanders suche,
lebe ich nur bruchstückhaft mit mir selbst.
Der Verbrauchersinn, das Sich-Bekriegen, hört
erst wieder auf,
wenn jeder wieder mit sich verbunden ist." (50)

Hugo Kükelhaus

„[...] und von allen Sternen nieder strömt ein
wunderbarer Segen,
dass die müden Kräfte wieder sich in neuer
Frische regen,
und aus seinen Finsternissen tritt der Herr,
soweit er kann,
und die Fäden, die zerrissen, knüpft er alle
wieder an." (51)

Friedrich Hebbel

Anhang

Das Mädchen ohne Hände (deutsche Fassung)

Ein Müller war nach und nach in Armut geraten und hatte nichts mehr als seine Mühle und einen großen Apfelbaum dahinter. Einmal war er in den Wald gegangen, Holz zu holen, da trat ein alter Mann zu ihm, den er noch niemals gesehen hatte, und sprach: „Was quälst du dich mit Holzhacken, ich will dich reich machen, wenn du mir versprichst, was hinter deiner Mühle steht." Was kann das anders sein als mein Apfelbaum? dachte der Müller, sagte ja, und verschrieb es dem fremden Manne. Der aber lachte höhnisch und sagte: „Nach drei Jahren will ich kommen und abholen, was mir gehört", und ging fort. Als der Müller nach Haus kam, trat ihm seine Frau entgegen und sprach: „Sage mir, Müller, woher kommt der plötzliche Reichtum in unser Haus? auf einmal sind alle Kisten und Kasten voll, kein Mensch hat's hereingebracht, und ich weiß nicht, wie es zugegangen ist." Er antwortete: „Das kommt von einem fremden Manne, der mir im Walde begegnet ist und mir große Schätze verheißen hat; ich habe ihm dagegen verschrieben, was hinter der Mühle steht: den großen Apfelbaum können wir wohl dafür geben." - „Ach,

Mann", sagte die Frau erschrocken, „das ist der Teufel gewesen; den Apfelbaum hat er nicht gemeint, sondern unsere Tochter, die stand hinter der Mühle und kehrte den Hof."

Die Müllerstochter war ein schönes und frommes Mädchen und lebte die drei Jahre in Gottesfurcht und ohne Sünde. Als nun die Zeit herum war, und der Tag kam, wo sie der Böse holen wollte, da wusch sie sich rein und machte mit Kreide einen Kranz um sich. Der Teufel erschien ganz frühe, aber er konnte ihr nicht nahekommen. Zornig sprach er zum Müller: „Tu ihr alles Wasser weg, damit sie sich nicht mehr waschen kann, denn sonst habe ich keine Gewalt über sie." Der Müller fürchtete sich und tat es. Am andern Morgen kam der Teufel wieder, aber sie hatte auf ihre Hände geweint, und sie waren ganz rein. Da konnte er ihr wiederum nicht nahen und sprach wütend zu dem Müller: „Hau ihr die Hände ab, sonst kann ich ihr nichts anhaben." Der Müller entsetzte sich und antwortete: „Wie könnt ich meinem eigenen Kinde die Hände abhauen!" Da drohte ihm der Böse und sprach: „Wo du es nicht tust, so bist du mein, und ich hole dich selber." Dem Vater ward Angst, und er versprach, ihm zu gehorchen. Da ging er zu dem Mädchen und sagte: „Mein Kind, wenn ich dir nicht beide Hände abhaue, so führt mich der Teufel fort, und in der Angst hab ich es ihm versprochen. Hilf mir doch in meiner Not und verzeihe mir, was ich Böses an dir tue." Sie antwortete: „Lieber Vater, macht mit mir, was Ihr wollt, ich bin Euer Kind." Darauf legte sie beide Hände hin und ließ sie sich abhauen. Der Teufel kam zum drittenmal, aber sie hatte so lange und so viel auf die Stümpfe geweint, dass sie doch ganz rein waren. Da musste er weichen und hatte alles Recht auf sie verloren.

Der Müller sprach zu ihr: „Ich habe so großes Gut durch dich gewonnen, ich will dich zeitlebens aufs köstlichste halten." Sie antwortete aber: „Hier kann ich nicht bleiben: ich will fortgehen: mitleidige Menschen werden mir schon so viel geben, als ich brauche." Darauf ließ sie sich die verstümmelten Arme auf den Rücken binden, und mit Sonnenaufgang machte sie sich auf den Weg und ging den ganzen Tag, bis es Nacht ward. Da kam sie zu einem königlichen Garten, und beim Mondschimmer sah sie, dass Bäume voll schöner Früchte darin standen; aber sie konnte nicht hinein, denn es war ein Wasser darum. Und weil sie den ganzen Tag gegangen war und keinen Bissen genossen hatte, und der Hunger sie quälte, so dachte sie: Ach, wäre ich darin, damit ich etwas von den Früchten äße, sonst muss ich verschmachten. Da kniete sie nieder, rief Gott den Herrn an und betete. Auf einmal kam ein Engel daher, der machte eine Schleuse in dem Wasser zu, so dass der Graben trocken ward und sie hindurchgehen konnte. Nun ging sie in den Garten, und der Engel ging mit ihr. Sie sah einen Baum mit Obst, das waren schöne Birnen, aber sie waren alle gezählt. Da trat sie hinzu und aß eine mit dem Munde vom Baume ab, ihren Hunger zu stillen, aber nicht mehr. Der Gärtner sah es mit an, weil aber der Engel dabeistand, fürchtete er sich und meinte, das Mädchen wäre ein Geist, schwieg still und getraute nicht zu rufen oder den Geist anzureden. Als sie die Birne gegessen hatte, war sie gesättigt, und ging und versteckte sich in das Gebüsch. Der König, dem der Garten gehörte, kam am andern Morgen herab, da zählte er und sah, dass eine der Birnen fehlte, und fragte den Gärtner, wo sie hingekommen wäre: sie läge nicht unter dem Baume und wäre doch weg. Da antwortete der Gärtner: „Vorige Nacht kam ein Geist herein, der hatte keine Hände und aß eine mit dem Munde ab." Der

König sprach: „Wie ist der Geist über das Wasser hereingekommen? und wo ist er hingegangen, nachdem er die Birne gegessen hatte?" Der Gärtner antwortete: „Es kam jemand in schneeweißem Kleide vom Himmel, der hat die Schleuse zugemacht und das Wasser gehemmt, damit der Geist durch den Graben gehen konnte. Und weil es ein Engel gewesen sein muss, so habe ich mich gefürchtet, nicht gefragt und nicht gerufen. Als der Geist die Birne gegessen hatte, ist er wieder zurückgegangen." Der König sprach: „Verhält es sich, wie du sagst, so will ich diese Nacht bei dir wachen."

Als es dunkel ward, kam der König in den Garten, und brachte einen Priester mit, der sollte den Geist anreden. Alle drei setzten sich unter den Baum und gaben Acht. Um Mitternacht kam das Mädchen aus dem Gebüsch gekrochen, trat zu dem Baum, und aß wieder mit dem Munde eine Birne ab; neben ihr aber stand der Engel im weißen Kleide. Da ging der Priester hervor und sprach: „Bist du von Gott gekommen oder von der Welt? bist du ein Geist oder ein Mensch?" Sie antwortete: „Ich bin kein Geist, sondern ein armer Mensch, von allen verlassen, nur von Gott nicht." Der König sprach: „Wenn du von aller

Welt verlassen bist, so will ich dich nicht verlassen." Er nahm sie mit sich in sein königliches Schloss, und weil sie so schön und fromm war, liebte er sie von Herzen, ließ ihr silberne Hände machen und nahm sie zu seiner Gemahlin. Nach einem Jahre musste der König über Feld ziehen, da befahl er die junge Königin seiner Mutter und sprach: „Wenn sie ins Kindbett kommt, so haltet und verpflegt sie wohl und schreibt mir's gleich in einem Briefe." Nun gebar sie einen schönen Sohn. Da schrieb es die alte Mutter eilig und meldete ihm die frohe Nachricht. Der Bote aber ruhte unterwegs an einem Bache, und da er von dem langen Wege ermüdet war, schlief er ein. Da kam der Teufel, welcher der frommen Königin immer zu schaden trachtete, und vertauschte den Brief mit einem andern, darin stand, dass die Königin einen Wechselbalg zur Welt gebracht hätte. Als der König den Brief las, erschrak er und betrübte sich sehr, doch schrieb er zur Antwort, sie sollten die Königin wohl halten und pflegen bis zu seiner Ankunft. Der Bote ging mit dem Brief zurück, ruhte an der nämlichen Stelle und schlief wieder ein. Da kam der Teufel abermals und legte ihm einen andern Brief in die Tasche, darin stand, sie sollten die Königin mit ihrem Kinde töten. Die alte

Mutter erschrak heftig, als sie den Brief erhielt, konnte es nicht glauben und schrieb dem Könige noch einmal, aber sie bekam keine andere Antwort, weil der Teufel dem Boten jedes Mal einen falschen Brief unterschob: und in dem letzten Briefe stand noch, sie sollten zum Wahrzeichen Zunge und Augen der Königin aufheben. Aber die alte Mutter weinte, dass so unschuldiges Blut sollte vergossen werden, ließ in der Nacht eine Hirschkuh holen, schnitt ihr Zunge und Augen aus und hob sie auf. Dann sprach sie zu der Königin: „Ich kann dich nicht töten lassen, wie der König befiehlt, aber länger darfst du nicht hier bleiben: geh mit deinem Kinde in die weite Welt hinein und komm nie wieder zurück." Sie band ihr das Kind auf den Rücken, und die arme Frau ging mit weiniglichen Augen fort. Sie kam in einen großen wilden Wald, da setzte sie sich auf ihre Knie und betete zu Gott, und der Engel des Herrn erschien ihr und führte sie zu einem kleinen Haus, daran war ein Schildchen mit den Worten: „Hier wohnt ein jeder frei". Aus dem Häuschen kam eine schneeweiße Jungfrau, die sprach: „Willkommen, Frau Königin", und führte sie hinein. Da band sie ihr den kleinen Knaben von dem Rücken und hielt ihn an ihre Brust, damit er trank, und legte ihn dann auf ein schönes gemachtes Bettchen. Da sprach die arme Frau: „Woher weißt du, dass ich eine Königin war?" Die weiße Jungfrau antwortete: „Ich bin ein Engel, von Gott gesandt, dich und dein Kind zu verpflegen." Da blieb sie in dem Hause sieben Jahre, und war wohl verpflegt, und durch Gottes Gnade wegen ihrer Frömmigkeit wuchsen ihr die abgehauenen Hände wieder.

Der König kam endlich aus dem Felde wieder nach Haus, und sein erstes war, dass er seine Frau mit dem Kinde sehen wollte. Da fing die alte Mutter an zu weinen und sprach: „Du böser Mann, was hast du mir geschrieben, dass ich zwei unschuldige Seelen ums Leben bringen sollte!" und zeigte ihm die beiden Briefe, die der Böse verfälscht hatte, und sprach weiter: „Ich habe getan, wie du befohlen hast", und wies ihm die Wahrzeichen, Zunge und Augen. Da fing der König an noch viel bitterlicher zu weinen über seine arme Frau und sein Söhnlein, dass es die alte Mutter erbarmte und sie zu ihm sprach: „Gib dich zufrieden, sie lebt noch. Ich habe eine Hirschkuh heimlich schlachten lassen und von dieser die Wahrzeichen genommen, deiner Frau aber habe ich ihr Kind auf den Rücken gebunden, und sie geheißen, in die weite Welt zu gehen, und sie hat versprechen müssen, nie wieder hierher zu kommen, weil du so zornig über sie wärst." Da sprach der König: „Ich will gehen, soweit der Himmel blau ist, und nicht essen und nicht trinken, bis ich meine liebe Frau und mein Kind wiedergefunden habe, wenn sie nicht in der Zeit umgekommen oder Hungers gestorben sind."

Darauf zog der König umher, an die sieben Jahre lang, und suchte sie in allen Steinklippen und Felsenhöhlen, aber er fand sie nicht und dachte, sie wäre verschmachtet. Er aß nicht und trank nicht während dieser ganzen Zeit, aber Gott erhielt ihn. Endlich kam er in einen großen Wald und fand darin das kleine Häuschen, daran das Schildchen war mit den Worten: „Hier wohnt jeder frei". Da kam die weiße Jungfrau heraus, nahm ihn bei der Hand, führte ihn hinein und sprach: „Seid willkommen, Herr König", und fragte ihn, wo er herkäme. Er antwortete: „Ich bin bald sieben Jahre umhergezogen, und suche meine Frau mit ihrem Kinde, ich kann sie aber nicht finden." Der Engel bot ihm Essen und Trinken an, er nahm es aber nicht, und wollte nur ein wenig ruhen. Da legte er sich schlafen, und deckte ein Tuch über sein Gesicht.

Darauf ging der Engel in die Kammer, wo die Königin mit ihrem Sohne saß, den sie gewöhnlich Schmerzenreich nannte, und sprach zu ihr: „Geh heraus mitsamt deinem Kinde, dein Gemahl ist gekommen." Da ging sie hin, wo er lag, und das Tuch fiel ihm vom Angesicht. Da sprach sie: „Schmerzenreich, heb deinem Vater das Tuch auf und decke ihm sein Gesicht wieder zu." Das Kind hob es auf und deckte es wieder über sein Gesicht. Das hörte der König im Schlummer und ließ das Tuch noch einmal gerne fallen. Da ward das Knäbchen ungeduldig und sagte: „Liebe Mutter, wie kann ich meinem Vater das Gesicht zudecken, ich habe ja keinen Vater auf der Welt. Ich habe das Beten gelernt, unser Vater, der du bist im Himmel; da hast du gesagt, mein Vater wär im Himmel und wäre der liebe Gott: wie soll ich einen so wilden Mann kennen? der ist mein Vater nicht." Wie der König das hörte, richtete er sich auf und fragte, wer sie wäre. Da sagte sie: „Ich bin deine Frau, und das ist dein Sohn Schmerzenreich." Und er sah ihre lebendigen Hände und sprach: „Meine Frau hatte silberne Hände." Sie antwortete: „Die natürlichen Hände hat mir der gnädige Gott wieder wachsen lassen"; und der Engel ging in die Kammer, holte die silbernen Hände und zeigte sie ihm. Da sah er erst gewiss, dass es seine liebe Frau und sein liebes Kind war, und küsste sie und war froh, und sagte: „Ein schwerer Stein ist von meinem Herzen gefallen." Da speiste sie der Engel Gottes noch einmal zusammen, und dann gingen sie nach Haus zu seiner alten Mutter. Da war große Freude überall, und der König und die Königin hielten noch einmal Hochzeit, und sie lebten vergnügt bis an ihr seliges Ende.

Das Mädchen ohne Hände (russische Fassung)

Irgendwo in einem Zarenreich, nicht in unserm Reich, lebte einst ein reicher Kaufmann. Er hatte zwei Kinder, einen Sohn und eine Tochter. Als der Vater und die Mutter gestorben waren, sprach der Bruder zu seiner Schwester: „Lass uns diese Stadt verlassen, Schwesterlein; ich will ein Kaufmann sein und Handel treiben, für dich aber eine Wohnung nehmen; und so werden wir unser Auskommen finden". Sie wanderten nun in ein anderes Gouvernement. Und als sie dort angelangt waren, richtete sich der Bruder ein und mietete einen Laden mit Schnittwaren. Es kam ihm aber in den Sinn zu heiraten, und da nahm er sich ein Weib, das war jedoch eine Zauberin. Als der Bruder dann in seinen Laden gehen wollte, um Handel zu treiben, befahl er seiner Schwester: „Gib acht im Hause, Schwester." Die Frau aber grollte darüber, weil er der Schwester die Aufsicht anvertraut hatte. Sie passte die Zeit ab, da der Mann nach Hause zurückkehren wollte, und zerschlug alle Möbel. Dann ging sie ihm entgegen und sagte: „Sieh nur, was für eine Schwester du hast, sie hat alle Möbel in der Stube zerschlagen!" – „Nun, das lässt sich schon ersetzen", antwortete ihr Mann.

Am nächsten Tage ging er wieder in den Laden, nahm Abschied von seinem Weibe und von der Schwester und befahl ihr: „Gib acht im Hause, so gut du nur kannst". Da wartete die Frau die Zeit ab, da der Mann heimkehren wollte, ging in den Stall und schlug dem Lieblingspferd ihres Mannes mit einem Säbel den Kopf ab. Dann trat sie auf die Treppe hinaus und erwartete den Gatten. „Sieh nur, wie schändlich deine Schwester ist! Deinem Lieblingspferd hat sie den Kopf abgehauen!" − „Ach, mögen die Hunde das Aas fressen", antwortete der Mann.

Am dritten Tage machte er sich wieder in seinen Laden auf, nahm Abschied und sagte zur Schwester: „Gib, bitte, auf die Frau acht, damit sie sich nicht selbst oder dem Kinde ein Leid antut, denn vielleicht gebiert sie eher, als es zu erwarten ist". Kaum gebar aber die Frau ein Kind, als sie ihm gleich den Kopf abschlug. Nun saß sie da und weinte über dem toten Kinde. Als jedoch der Mann zurückkehrte, rief sie: „Schau nur, was du für eine Schwester hast! Kaum hatte ich das Kind geboren, da nahm sie es und schlug ihm mit dem Säbel den Kopf ab!" Der Mann erwiderte nichts darauf, fing bitterlich an zu weinen und ging fort. Die Nacht kam heran. Um Mitternacht stand der

Bruder auf und sprach zu seiner Schwester: „Liebes Schwesterlein, mach dich zurecht und komm mit zur Messe!" Sie antwortete: „Lieber Bruder, heut ist doch gar kein Feiertag, scheint mir". – „Doch, Schwesterlein, es ist schon Feiertag; komm nur mit". – „Es ist noch zu früh, Bruder, um fortzufahren", sagte sie. „Nein", erwiderte er, „ihr Weiber trödelt ja so lange; mach dich rasch fertig!" Die arme Schwester fing an sich anzukleiden, aber konnte nicht zu Ende kommen, denn immer wieder sanken ihr die Arme herab. Der Bruder kam zu ihr und sagte: „Mach flinker, Schwester, zieh dich an!" – „Es ist noch früh, Bruder!" – „Nein, Schwesterlein, es ist nicht mehr früh, sondern schon hohe Zeit." Endlich war die Schwester fertig. Sie setzten sich in den Wagen und fuhren zur Messe. Über kurz oder lang kamen sie in einen Wald. Da fragte die Schwester: „Was ist das für ein Wald?" Der Bruder antwortete: „Es ist der Wald, der um die Kirche steht". Bald darauf verfing sich ein Wagenrad in einem Strauch. Der Bruder sagte: „Steh auf, Schwesterlein, und mach das Rad frei". – „Ach, liebes Brüderlein, ich kann ja nicht, mein Kleid wird schmutzig werden". – „Ich werde dir ein neues Kleid kaufen, Schwesterlein, ein besseres als dieses hier". Da stieg sie vom Wagen und wollte das Rad frei machen, der Bruder aber hackte ihr die Hände bis zum Ellenbogen ab, schlug dann auf die Pferde ein und fuhr davon. Die Schwester blieb zurück, brach in Tränen aus und wanderte durch den Wald. Soweit sie auch ging, und so lange sie auch herumirrte, sie zerstach sich, und ihre Kleider wurden zerfetzt, sie fand aber keinen Weg, der sie aus dem Walde hinausführte. Endlich, nach langen Jahren, stieß sie auf einen Fußpfad und gelangte ins Freie. Sie verließ den Wald und kam in eine Kaufmannsstadt und bettelte bei einem sehr reichen Kaufmann unter den Fenstern um ein Almosen. Dieser Kaufmann aber hatte einen Sohn, einen einzigen, seinen Augapfel, und der verliebte sich in die Bettlerin. Er sprach zu seinen Eltern: „Väterchen und Mütterchen, verheiratet mich!" – „Mit wem sollen wir dich denn verheiraten?" – „Mit dieser Bettlerin". – „Ach, mein Lieber, haben denn die Kaufleute in unserer Stadt keine schönen Töchter?" – „Gebt mir aber diese hier zur Frau; wollt ihr es nicht, so tu ich mir irgendein Leid an". Der Handel gefiel ihnen aber nicht recht, denn es war ja ihr einziger Sohn, ihr Augapfel. Sie riefen alle Kaufleute und die ganze Geistlichkeit zusammen und fragten sie: „Was meint ihr, sollen wir ihn mit der Bettlerin verheiraten oder nicht?" Da sprachen die Priester: „Es wird wohl so das Schicksal sein, dass Gott ihm bestimmt hat, die Bettlerin zu heiraten".

Und so lebte er denn mit ihr ein Jahr und ein zweites und machte sich dann auf in das andere Gouvernement, wo ihr Bruder in seinem Laden saß. Er nahm Abschied und bat seine Eltern: „Väterchen und Mütterchen! verlasst mein Weib nicht; gleichviel, was sie auch gebären wird, schreibt mir sofort!" Und als der Sohn wegge-fahren war, da gebar seine Frau nach zwei oder drei Monaten einen Sohn: bis zu den Ellenbogen waren die Arme in Gold, auf den Hüften schim-merten Sterne, auf der Stirne glänzte der helle Mond, auf dem Herzen die goldene Sonne! Wie freuten sich da der Vater und die Mutter! Gleich schrieben sie ihrem lieben Sohn einen Brief und schickten schnell einen Alten mit der Botschaft fort. Die Schwägerin aber, die Zauberin, hatte schon davon erfahren und rief den Alten zu sich: „Komm herein, Väterchen, erhol dich!" – „Nein, ich hab keine Zeit, mit eiliger Bestellung schickte man mich". – „Aber komm nur, Väterchen, erhol dich und iss bei mir Mittagbrot". Sie setzte ihn an den Tisch, seinen Ranzen aber trug sie fort, zog den Brief hervor, las ihn, riss ihn in Fetzen und schrieb einen andern: „Dein Weib hat einen Sohn geboren: zur Hälfte ein Hund, zur Hälfte ein Bär;

hat ihn im Walde von den Tieren empfangen".
Kam der Alte zum Kaufmannssohn und über-
brachte den Brief; der Sohn las ihn durch und
weinte bitterlich. Dann schrieb er zurück und
befahl, der Frau bis zu seiner Rückkehr kein
Leides anzutun: „Ich komme selbst und werde
sehen, was für ein Kind sie mir geboren hat".
Und abermals rief die Zauberin den Alten zu sich:
„Komm herein, setz dich nieder und ruh dich
aus". Er trat ein, sie schwatzte ihm irgendetwas
vor, las den Brief, zerriss ihn und schrieb: Sobald
der Brief in ihre Hände käme, sollten sie sie
gleich von Haus und Hof jagen. Der Alte brachte
diesen Brief heim; die Eltern lasen ihn und be-
trübten sich sehr. „Was soll das heißen? Was tut
er uns an? Wir haben ihn heiraten lassen, und
nun ist ihm sein Weib zuwider geworden!" Nicht
so sehr die Frau, als das Kind tat ihnen leid. Sie
segneten Mutter und Kind, banden ihr den Säug-
ling vor die Brust und schickten sie fort.

Nun wanderte sie davon und weinte bittere
Tränen. War es lang darauf oder kurz? – rings-
umher war nichts als freies Feld, kein Wald und
kein Dorf. Sie kam in ein Tal und hatte großen
Durst. Da erblickte sie zur rechten Hand einen
Brunnen. Nun hätte sie gern getrunken, aber
wollte sich nicht vorbeugen, um das Kind nicht
fallen zu lassen. Plötzlich schien es ihr jedoch, als

reiche das Wasser jetzt höher hinauf. Sie bückte sich; da entglitt ihr das Kind und stürzte in das Wasser. Sie ging um den Brunnen herum und weinte; wie sollte sie nun das Kind herausziehen? Da kam aber ein alter Mann zu ihr und fragte: „Warum weinst du, Magd?" – „Wie sollt ich nicht weinen! Ich beugte mich vor, um Wasser zu trinken, und da fiel mein Kind hinein". – „Bücke dich nur und zieh es heraus". – „Ich hab ja keine Hände, Väterchen, nur Arme bis zum Ellenbogen". – „Beug dich nur hinunter und nimm dein Kind heraus!" Da trat sie zum Brunnen und streckte die Arme hinunter, der Herrgott aber hatte Erbarmen mit ihr und mit einem Mal waren ihre Hände heil wie zuvor! Sie beugte sich nieder und zog das Kind heraus; und dann betete sie zu Gott und verneigte sich nach allen vier Seiten.

Und als sie Gott gedankt hatte, ging sie weiter, kam zu dem Hause, wo ihr Bruder und ihr Mann lebten, und bat um ein Nachtlager. Da sagte ihr Mann zum Bruder: „Lass die Bettlerin ein; die Bettelweiber verstehen Märchen und Geschichten zu erzählen, sie können aber auch Wahres berichten". Die Schwägerin aber meinte: „Wir haben keinen Platz für ein Nachtlager, es ist zu eng!" – „Nein, lass sie, bitte, nur ein; ich hab es lieber als mein Leben, wenn die Bettelweiber

Märchen und Geschichten erzählen!" Da ließ man sie denn ein, und sie setzte sich mit ihrem Kinde auf den Ofen. Sprach ihr Mann zu ihr: „Nun, meine Liebe, erzähl uns ein Märchen oder gib uns eine Geschichte zum Besten". Sie antwortete ihm: „Märchen und Geschichten versteh ich nicht zu erzählen, aber Wahres kann ich euch wohl berichten. Hört, ihr Herren, eine wahre Begebenheit!" Und sie fing an zu erzählen:

„Irgendwo in einem Zarenreich, nicht in unserm Reich, lebte einst ein reicher Kaufmann. Er hatte zwei Kinder, einen Sohn und eine Tochter. Als der Vater und die Mutter gestorben waren, sprach der Bruder zu seiner Schwester: ›Lass uns fortgehen, Schwesterlein, aus dieser Stadt.‹ Sie gingen in ein anderes Gouvernement. Dort richtete sich der Bruder ein und mietete einen Laden mit Schnittwaren. Es kam ihm aber in den Sinn zu heiraten; und er nahm sich eine Frau, die war eine Zauberin." Da brummte die Schwägerin dazwischen: „Was schwatzt sie für einen Unsinn zusammen, diese Hure!" Ihr Mann aber sagte: „Erzähle, erzähle nur, Mütterchen, lieber als mein Leben sind mir Geschichten!" Da fuhr die Bettlerin fort: „Und als sich der Bruder aufmachte, um in seinem Laden Handel zu treiben, befahl er der Schwester: ›Gib acht im Hause, Schwester.‹ Die Frau aber war beleidigt, weil er alles der

Schwester anvertraute; da zerschlug sie aus Wut alle Möbel ..." Und als sie erzählte, wie der Bruder sie zur Messe gebracht und ihr die Hände abgeschlagen hatte und wie sie geboren und die Schwägerin den Alten zu sich gelockt hatte, schrie die Schwägerin abermals: „Was für einen Unsinn erzählt sie!" Aber der Mann der Bettlerin sagte zum Bruder: „Befiehl deinem Weibe zu schweigen! Die Geschichte ist doch wunderschön!" Und sie erzählte bis zum Ende, wie der Mann geschrieben hatte, dass man das Kind behalten solle bis zu seiner Rückkehr. Die Schwägerin aber brummte: „Was für einen Blödsinn redet sie!" Und dann erzählte die Bettlerin, wie sie in dieses Haus gekommen sei; die Schwägerin aber schrie: „Seht die Hure an, was sie euch vorzuschwatzen weiß!" Da rief jedoch der Mann dem Bruder zu: „Befiehl ihr, den Mund zu halten! Was unterbricht sie fortwährend?" Und dann erzählte sie zu Ende, wie man sie in die Stube gelassen und wie sie angefangen habe, die Wahrheit zu berichten. Und sie zeigte auf die drei und sagte: „Das ist mein Mann, das ist mein Bruder, diese aber ist meine Schwägerin!" Da sprang der Mann zu ihr auf den Ofen und sagte: „Nun, mein Lieb, zeig mir dein Kind; haben Vater und Mutter die Wahrheit geschrieben?" Und als sie das Kind aufwickelten, erleuchtete es das ganze Zimmer! „Es ist die reine Wahrheit, dass sie uns kein Märchen erzählt hat: hier ist mein Weib und dort mein Sohn: bis zu den Ellenbogen in Gold, an den Seiten schimmern Sterne, auf der Stirne glänzt der helle Mond und auf dem Herzen die goldene Sonne!"

Da führte der Bruder die allerbeste Stute aus dem Stall, band sein Weib an den Schwanz und ließ das Pferd hinaus auf das freie Feld. So lange jagte es herum, bis nur noch der Zopf von der Frau übrigblieb, der Leib aber war auf dem Felde in Fetzen geschleift. Dann spannten sie ein Dreigespann vor den Wagen und fuhren heim zu Vater und Mutter; sie lebten glücklich und zufrieden und mehrten ihr Hab und Gut.

Dort war auch ich, Met und Wein trank ich, übern Schnurrbart floss es mir, in den Mund nicht kam es mir

Anmerkungen

1. Rainer Maria Rilke „Auguste Rodin", Insel Tb, 1984, S. 37-39

2. ebenda, S. 35-36

3. Grimms Märchen, Bardtenschlager Verlag,

4. Wolfram von Eschenbach „Parzival", Georg Müller Verlag 1977, S. 90

5. siehe Anhang

6. siehe 3

7. Deutsche Märchen seit Grimm, Eugen Diederichs Verlag, 1984

8. Rudolf Steiner, GA 346 Apokalypse und Priesterwirken, S. 95

9. ebenda S. 80

10. Rudolf Steiner, GA 193, 11.2.1919, Der innere Aspekt des sozialen Rätsels

11. Das Neue Testament, Emil Bock, Mt 18, 3-4

12. Rudolf Steiner, GA 217a, Die Erkenntnisaufgabe der Jugend, S. 186

13. Rudolf Steiner, GA 4 Die Philosophie der Freiheit

14. Rudolf Steiner, GA 217 Pädagogischer Jugendkurs, S. 85

15. Rudolf Steiner, GA 192 Geisteswissenschaftliche Behandlung sozialer und pädagogischer Fragen

16. Die modernen Medien zeigen in Bezug auf die zu entwickelnden Fähigkeiten folgende Wirkungen:
    a) Schwächung der Empathie (Studien u.a. Prof. Spitzer)
    b) „Rauben" der Jungfräulichkeit der Seele
    c) Eine fortwährende Medien-Berieselung lässt die inneren Impulse nicht mehr genügend ins Bewusstsein treten („Tittytainmant")

17. siehe 4, S. 122

18. siehe 4, S. 246

19. Rudolf Steiner, GA 296 Die Erziehungsfrage als soziale Frage, S. 88 ff

20. Goethes Gespräche, Goethe im Gespräch mit Riemer,

am 10.5.1806

21. Rudolf Steiner, GA 185 Geschichtliche Symptomatologie, S. 110
22. ebenda, S. 111
23. ebenda, S. 102
24. siehe 19, S. 92 ff
25. Goethe „Faust", Goldmann Verlag, Tb, S. 14
26. siehe 11, Apokalypse 2,7
27. Rudolf Steiner, GA 158 Der Zusammenhang des Menschen mit der elementarischen Welt, 5. Vortrag
28. Rudolf Steiner, GA 124 Exkurse in das Gebiet des Markus-Evangeliums, 28.2.1911,   S. 139
29. Siehe 15, 9. Vortrag
30. Thomas Sattelberger, 2013 im Film „Alphabet", bis 2012 Personalvorstand bei Telecom
31. siehe 15
32. Rudolf Steiner, GA 309 Anthroposophische Pädagogik und ihre Voraussetzungen, 5.Vortrag 17.4.24
33. siehe 12, S. 187
34. Rudolf Steiner, GA 199 Geisteswissenschaft als Erkenntnis der Grundimpulse sozialer Gestaltung, 11.9.1920
35. siehe 15, 22.6.1919
36. Rudolf Steiner, GA 297 Idee und Praxis der Waldorfschule, am 31.8.1919, S. 60
37. Rudolf Steiner, GA 156 Zeiten der Erwartung. Neue Formen der alten Schönheit, 7.10.1914
38. siehe 14, S. 192-193
39. E. Fucke , Grundlinien einer Pädagogik des Jugendalters, S. 134
40. „Vom Knaben der mit dem Buch zur Welt kam" aus „Jorga der Tapfere", rumänische Märchen, Verlag Freies Geistesleben
41. „Iwan Sutschenko und Belyj Poljanin" aus A. N. Afanasjew „Russische Volksmärchen", Winkler Verlag
42. siehe 14, S. 35-37

43. siehe 14, S. 40

44. Goethe, Iphigenie auf Tauris II, 1. (Pylades)

45. siehe 11, Johannes-Evangelium 21, 1-25

46. Parzival gelangt am Abend an den See und setzt über zur Gralsburg. Die nicht gestellte Frage hat zur Folge, dass am nächsten Morgen die Burg leer ist.

47. siehe 11, Johannes-Evangelium 21, 18-19

48. siehe 11, Lukas-Evangelium 5, 1-11

49. Die Realität des Schicksals, das Verbundensein mit dem Schicksal, lebt in dem Märchen „Vom Knaben der mit dem Buch zur Welt kam" im Bilde des Buches (Lebensschrift, Biografie): „Das Buch, mit dem er geboren war, ließ er nie aus der der Hand, immer, immer las er darin [...] er selber war das Buch, worin die Nachbarn lasen, wenn sie Rat oder Auskunft über diesen oder jenen ihrer Lebensschritte nötig hatten". Der Knabe überwindet die Angriffe auf seinen Lebensleib (Nebel), seine Seele (Tiere) und sein Ich (Schwarzer Mönch). Dieser will sein Buch. Nie lässt er das Buch aus der Hand, „immer, immer las er darin". Nach dem Kampf mit dem Mönch tritt ein Erwachen ein. Nun sieht er die Trümmer einer Stadt, gestorbene Menschen [...]. Aber das Lesen in dem Buche stärkt ihn, er „nahm den Mut zwischen die Zähne". Nun folgt die größte Prüfung: er hält Wache in der Kammer der Königstochter und überwindet den Zauberer, den bösen Geist, welcher das Land verwünscht hatte. Und „schneller als der Blitz durch die Wolke fährt, kam jetzt Leben in den ausgestorbenen Palast. Säle und Gänge, Küchen und Kammern füllten sich mit auferstehenden Menschen." In dem Märchen Dornröschen erfolgte ein Aufwachen und alles kam wieder in Bewegung. Hier findet ein Auferstehen statt.

50. Huko Kükelhaus – Zitat, Schrifttafel aus dem Erfahrungsfeld zur Entfaltung der Sinne, Schloss Freudenberg

51. Friedrich Hebbel „Die Weihe der Nacht"

52. Annie Heuser, nach dem Vortrag aus GA 301 vom 11.5.1920

Über den Autor

Wilfried Kessler, geb. 1957 in Allenbach / Hunsrück. Heilpädagogische Ausbildung in Eckwälden, Studium der Eurythmie in Berlin, Theaterlehrerausbildung in Stuttgart. Seit 1990 als Eurythmie- und Theaterlehrer in Ulm tätig, sowie als Vortragsredner und Seminarleiter.